DISCOURS

PRONONCÉ POUR LA FÊTE

DE LA VIEILLESSE

AU TEMPLE

DE L'ÊTRE SUPRÊME,

LE DIX FRUCTIDOR AN SEPT,

Par l'un des administrateurs

DU IXᵉ. ARRONDISSEMENT

DU CANTON DE PARIS.

A PARIS.

Chez LAMBERTÉ, imprimeur rue de Perpignan, nº. 1, au coin de celle des Marmouzets

DISCOURS

POUR LA FÊTE

DE LA VIEILLESSE.

CITOYENS,

CET hommage public et national rendu à la vieillesse est un spectacle digne d'un peuple libre, dont toutes les institutions tendent au bonheur commun et au perfectionnement de l'ordre social. Ici, tous les âges de la vie reçoivent une leçon utile, qui les porte efficacement au bien. Ici, la faible enfance, qui se traîne en rampant sur le seuil de la vie ; l'ardente jeunesse, qui d'un pied léger franchit les premières bornes de la carrière, à la vue des honneurs rendus aux cheveux blancs par les autorités populaires, apprennent à courber un front respectueux devant les anciens du peuple, devant ces magistrats de la nature qui, dans les premiers âges du monde,

A

exercèrent sur leurs vastes familles la seule autorité qui fût alors connue, l'autorité paternelle. Ici l'homme fait, placé entre les caresses qu'il reçoit de ses jeunes enfans et celles qu'il prodigue à leur respectable aïeul, apprend à lire de bonne heure dans le grand livre de l'expérience, à employer utilement pour ses semblables et pour lui-même ses années de vigueur, afin d'attirer sur ses années de décrépitude les égards et l'estime de ses concitoyens. Ici le vieillard lui-même trouve encore des sujets de réflexions utiles : il apprend à compter ses longues années, non par leur nombre, mais par l'emploi qu'il en a fait ; il apprend que, si dans tous les tems la conscience est un trésor inappréciable, c'est sur-tout dans l'âge qui, n'ayant plus de projets à former pour l'avenir, est essentiellement et constamment occupé de la récapitulation du passé.

O vous ! que votre moralité connue et votre attachement aux principes républicains ont fait choisir pour recevoir ici nos respectueux embrassemens, dites - nous quelles douces sensations porte dans votre ame cette simple et auguste solemnité ! répon-

dez d'après votre propre conscience à ces
calomniateurs infames, qui accusent la révolution d'avoir rompu les liens du sang et
de la parenté !!!! dites-nous si jamais au
sein de vos nombreuses familles, que des
fêtes rassemblaient autour de vous, vous
éprouvâtes ce que vous ressentez aujour-
d'hui dans cette assemblée du peuple qui
vous contemple, qui vous admire, qui en-
vie à ses fonctionnaires l'honneur de poser
sur vos fronts augustes le chêne qui leur
est destiné !

Non, citoyens, ce n'est que chez les
peuples voisins de la nature, ce n'est que
dans les républiques que l'homme trouve à
chaque âge le genre de jouissance qui con-
vient à l'ame honnête et pure : c'est là sur-
tout que le vieillard, trop souvent avili,
ou du moins négligé dans les gouverne-
mens monarchiques, trouve ces douces con-
solations, qui lui font envisager sans hor-
reur le terme de sa carrière.

Je n'ouvrirai pas ici les fastes de l'his-
toire pour vous retracer les hommages rendus à la vieillesse par tous les peuples répu-

blicains : je n'invoquerai pas les annales de
la superstition pour vous montrer la divi-
nité représentée par-tout sous la forme d'un
vieillard respectable. Pourquoi recourir à
des faits étrangers et poursuivre une illu-
sion mensongère, lorsque la volonté natio-
nale rassemble sous nos yeux le tableau
vivant de tout ce qu'on pourrait imaginer
ou décrire de plus imposant, de plus respectable, de plus attendrissant. Malheur à
l'homme froid ou prévenu, qui pourrait le
fixer sans une vive et profonde émotion !
un tel homme aurait-il donc, ou la certitude
de n'atteindre jamais cet âge respectable,
ou la folie de renoncer pour lui-même aux
égards qu'il refuserait aujourd'hui d'accor-
der à ses aînés !

Et, peut-on ne pas sentir le but moral
de ces égards, sur lesquels tous les peuples
libres ont été d'accord ? croira-t-on que ce
soit le mérite d'avoir long-tems vécu que
ces institutions universelles aient voulu ré-
compenser ? non, citoyens, ces égards
prennent leur source dans l'idée des vertus,
qui se joint nécessairement à l'idée de la
vieillesse. Et, en effet, si la vieillesse est

le fruit d'une forte et saine constitution, n'est-elle pas aussi un sûr indice de la sobriété, de la tempérance, du travail, des mœurs, de toutes les vertus enfin dont la pratique contribue si efficacement au bonheur de la société.

Interrogeons à cet égard le nécrologe des nations, nous y verrons des générations entières dévorées par les suites funestes des excès de tout genre. Ici, un jeune libertin, moissoné dans sa fleur, périt par l'abus des plaisirs dont la nature lui avait à peine donné le signal : là, l'infâme crapule tranche, par un trépas prématuré, les jours d'un jeune intempérant. Ailleurs, le sombre et farouche désespoir présente au joueur une mort violente comme le seul remède aux caprices du sort. Plus loin, l'insatiable avarice, la perfide ambition, l'inquiète jalousie précipitent dans la tombe, au milieu de leurs années, leurs tristes et imprudentes victimes.

C'est au milieu de ces écueils innombrables dont la vie humaine est parsemée, que le sage a conduit heureusement sa barque jusqu'au port de la vieillesse. Modéré dans les plaisirs, ferme dans les chagrins, sage dans ses prétentions, modeste dans ses succès, il a triomphé de ces monstres destructeurs qui ont moissonné autour de lui tant de milliers de victimes, il a été par conséquent bon époux, bon père, bon ami, bon citoyen.

Bon citoyen...... et ne l'est-il pas essentiellement celui dont le cœur sert d'asile à ces vertus louables qui font fleurir les cités ? Je sais que la force de l'habitude, que les préjugés de l'éducation, fortifiés par l'âge, ont prévenu quelques vieillards, d'ailleurs estimables, contre une révolution dont la vigueur naissante les a tout au moins étonnés, comme les jeux bruyans d'une jeunesse impétueuse fatiguent le cerveau d'un paisible octogénaire. C'est à nous, citoyens, à les rassurer par notre sagesse, par la pureté de nos principes, et sur-tout de nos actions. Lorsque, retrempés à différentes époques, dans ces fêtes nationales, ils auront vu que ce qui fut bien autrefois est encore bien aujourd'hui, que le crime est toujours le crime, que

même les vertus privées obtiennent , dans
la France républicaine , des honneurs pu-
blics et solemnels ; ils béniront comme nous
notre immortelle révolution , ils salueront
avec respect l'aurore de la liberté française,
ils béniront le ciel de n'avoir pas permis
que leurs yeux fussent fermés à la lumière
avant d'avoir vu luire ce jour de gloire et
de philosophie.

Venez, augustes vieillards , sénat d'un
peuple libre, venez recevoir dans nos tendres
embrassemens le prix des vertus et du courage qui vous ont soutenus dans votre longue
et honorable carrière. Transmettez cette
scène attendrissante à vos jeunes enfans
qui, dans ce moment, opposent leurs bras
nerveux aux sacrilèges efforts des cohortes
étrangères. Que votre voix paternelle se
joigne auprès d'eux à la voix puissante de
la patrie qui les appelle. Déjà la victoire
rougissant d'un moment d'inconstance, annonce, par d'heureux préludes, son retour
si desiré. Il annonce celui de ces enfans
chéris , l'espoir de vos vieux jours, qui ,
bientôt, reviendront beaux de gloire et de
vertus chercher dans vos bras le prix de

leur courage, et planter sur la tombe qui
doit recevoir vos dépouilles, non le cyprès
de la douleur, mais le laurier de l'indé-
pendance.

Et vous, jeunes époux, qui allez former dans ce jour mémorable le plus doux
et le plus sacré de tous les nœuds, conser-
vez long-tems dans vos ames l'impression
de cette fête républicaine que l'amour ren-
dra toujours présente à vos cœurs. Lorsque
bientôt vous apporterez vos sermens aux
pieds de cet autel, saluez, en passant, ces
patriarches de la génération présente, ré-
clamez leur bénédiction paternelle, et puis-
siez-vous à votre tour, après de longues
années d'une heureuse union, mériter les
hommages que nous rendons, au nom du
peuple, à leur âge, à leurs mœurs, et
sur-tout à leurs vertus.

Respect aux vieillards ; vive la république !

Le commissaire du pouvoir exécutif, ouï
le discours prononcé par le citoyen Bara-
delle, l'un des membres de l'administra-

tion, requiert qu'il soit imprimé au nombre de deux cens exemplaires.

Fait ce onze fructidor an 7 de la république française, une et indivisible.

TAINE.

POUR extrait conforme.

Le secrétaire en chef, FREDIN.

[illegible]